Lateinamerika

Herausgegeben von Danielle Föllmi
Fotografiert von Olivier Föllmi

DIE WEISHEIT DER WELT

Lateinamerika

DANIELLE & OLIVIER FÖLLMI

Aus dem Französischen von Maike und Stephan Schuhmacher

Texte aus der mündlichen Überlieferung der Aimara, Guarani, Inka, Kouna, Maya, Pueblo-Indianer,
Quechua, Quiché sowie von Humberto Ak'abal, Miguel Ángel Asturias, Mario Benedetti, Jorge Luis Borges,
Dom Hélder Câmara, Luis Cardoza y Aragón, Ismael Cerna, Francisco Coloane, Fabricio Estrada,
Orides Fontela, Carlos Fuentes, Eduardo Galeano, David Escobar Galindo, Che Guevara, Otto-Raúl González,
Benito Juarez, Roberto Juarroz, José Martí, Gabriela Mistral, Augusto Monterroso, Roberto Monzón,
Pablo Neruda, José Emilio Pacheco, Violeta Parra, Octavio Paz, Maria Teresa Perdomo, Serafín Quiteño,
Roberto Reséndiz Carmona, Ralph Thamar, Magdalena Thomson

KNESEBECK

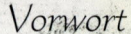

Vorwort

Dieses Buch ist das Ergebnis einer Reise, die im Himalaya begonnen hat und dann über Indien nach Afrika führte.

Nach den faszinierenden Bildern und inspirierenden Texten der vorangegangenen Bände erscheint nun Die Weisheit Lateinamerikas – Tag für Tag. Auf diese Entdeckungsreise durch einen Kontinent werden noch Weisheiten aus dem Fernen Osten, dem Vorderen Orient und dem Abendland folgen. Die Reihe wird im Jahr 2010 mit dem Band Die Weisheit der Menschheit ihren Abschluss finden, womit ein umfassendes Porträt der Völker und Kulturen unserer Erde entsteht. Dieses Werk ist weder eine Reportage noch eine Dokumentation. Vielmehr offenbart sich in den Aufnahmen von Gesichtern und Stätten die enge Beziehung zwischen dem Fotografen und der einheimischen Bevölkerung.

Olivier Föllmi hat mit den Menschen hier gelebt und zusammen mit ihnen den Atem der Zeit gespürt. Ist es ein Zufall, dass in der Sprache der Guarani »Weisheit« arandú heißt, was so viel bedeutet wie »die Zeit fühlen«? Geist und Denken, Imagination und Kreativität finden sich in den Texten der Dichter, Literaten und Philosophen Lateinamerikas, die von atemberaubenden Fotografien begleitet werden. Diese Bilder feiern das Leben. Selbst an Orten, an denen Armut und Verzweiflung herrschen, sieht der Fotograf die Würde der Menschen – besonders in ihren Blicken. Viele Aufnahmen zeigen ganz alltägliche Szenen, jedoch ohne romantische Verklärung. Die einfühlsamen Fotografien bringen uns die Lebensfreude, die Musik und den Tanz näher, die so wichtig für die Menschen hier sind. Lateinamerika weist eine große Vielfalt an musikalischen Strömungen auf.

Der Kontinent wird sich allmählich seiner Identität, seiner Schönheit und seines Reichtums bewusst und beginnt, sein kulturelles Erbe zu pflegen. Ein Buch wie das vorliegende kann uns auf unserem Weg führen. Denn diese Bilder stammen aus unserer Zeit, nicht aus der Vergangenheit, und ohne nostalgisch zu werden, zeigen sie uns, wie unsere Zukunft aus- sehen könnte – eine Zukunft voller Licht und Farben, vor allem voller Hoffnung, dass die Erde uns Menschen gegenüber großzügig sein möge.

Der Popol Vuh lehrt uns, dass in der Natur nichts und niemand überflüssig ist. Wir sollen die Sonne, die Erde, das Wasser, die Elemente, aus denen wir bestehen und die wir verehren, feiern und preisen. Die Farben, die wir so sehr lieben, sind in diesem Band gleichsam mit Händen zu greifen: die bunten Stoffe der Bergbewohner, die Karnevalsschminke, die malerischen Fassaden der Häuser und Kirchen, der farben-prächtige Himmel am Ende eines Nachmittags, in dem sich die Wolken unendlich weit erstrecken ... Zu den Farben der Landschaften gesellen sich die unterschiedlichen Hauttöne der Mischvölker sowie der Nachfahren der großen olmekischen, toltekischen, aztekischen, Maya- und Inka-Kulturen. Die glatte und kupferfarbene Haut der Kinder und die zerfurchten Gesichter der Alten berühren das Herz.

Während manche Menschen daran zweifeln, dass es überhaupt so etwas wie ein lateinamerikanisches Wesen gibt, haben andere es längst gefunden. Olivier Föllmi, der vielen Menschen auf unserem Kontinent begegnet ist und an zahlreichen Orten gelebt hat, sagte einmal zu mir: »Eine solche Vielfalt findet man nur hier.« Die Texte und Bilder in diesem Band sind eine Hommage an Lateinamerika mit all seinen faszinierenden Facetten.

Edmond Mulet
Sonderbeauftragter des Generalsekretärs und Einsatzleiter der Mission
der Vereinten Nationen zur Stabilisierung von Haiti (MINUSTAH)

DIE ZEIT VEREHREN

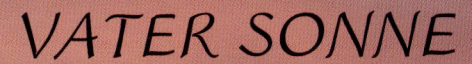

Die Sonne erscheint, Löwe aus alten Zeiten,

Mittelpunkt und väterlicher Schoß unseres Universums.

Die Nacht bedeckt die ozeanischen Gefilde mit silbernen Schuppen.

Die Meteore verstreuen den himmlischen Phosphor.

Die Sonne, das Wasser und der Frühling bereiten das tägliche Brot.

Ein Gebet wurde geboren. Ein Gedicht wurde geboren...

Pablo Neruda (1904–1973)

Sonnenuntergang über dem Karibischen Meer, Jamaika

Weisheit heißt bei uns »arandù«,
das bedeutet wörtlich: »die Zeit fühlen«.

Volk der Guarani, Amazonasgebiet

Luisana, sechzehn Jahre, Indianerin aus Sarayaku im Amazonasregenwald, Ecuador

Wir schreiten einher unter der absoluten Herrschaft der Sonne.
Es besteht ein vollkommener Einklang
zwischen dem Hiersein und dem Lebendigsein.

José Emilio Pacheco (geb. 1939)

Agripina, eine Aimara, auf dem Weg zu ihren Schafen in der Nähe des Titicacasees in 3810 Metern Höhe, Peru

Der große Erzähler
beschwört die Sonne,
die Sonne begrüßt den Menschen,
sie malt seinen Schatten und
lehrt ihn schließlich, wie er ist…

Miguel Ángel Asturias (1899–1974)

Cabello, ein Dorfbewohner von Angahuan, Mexiko

Mutter aller Menschen, du zärtliches Grün, du stilles Wasser,

Mutter aller Völker, du stilles Grün, du zärtliches Wasser,

nichts wird erreicht ohne deine Hilfe, nichts, nichts.

Aus deiner Hand entspringen der dunkle Fluss des Lebens,

die vier Hauptrichtungen des Windes,

die stille Lava des Urfeuers

und die Reisen der Wasser um die Erde.

Otto-Raúl González (1921–2007)

Eine Bäuerin aus dem Nudo de Apolobamba auf dem Weg zu ihren Lamas, Bolivien

Ohne Liebe für die Erde
haben wir keinen Platz im Himmel.

Mündliche Überlieferung des Andenvolkes der Aimara

Kartoffelfeld auf der Insel Anapia im Titicacasee, Peru

Je mehr wir uns in unseren Erdboden eingraben und je mehr wir uns erneuern,

... desto heimischer werden wir und desto eher kann es geschehen,

dass wir uns zum Gipfel des Universellen aufschwingen ...

Pablo Neruda (1904–1973)

Anbau von Kartoffeln auf der Insel Anapia im Titicacasee, Peru

In der Natur ist nichts und niemand überflüssig.

Aus dem Popol Vuh

Die fruchtbare Gegend von Maragua im Bergland von Sucre, Bolivien

Die Farben vervielfältigen sich, und dem Blick schwindelt
angesichts der Sonnenorgie, die zum Bienenstock wirbelt. Wir befinden uns zwischen
Bergen und taufeuchten Vulkanen, saugen den Honig und transportieren
die Pollen und erfüllen gemäß dem kosmischen Instinkt unsere eigentliche Aufgabe.

Luis Cardoza y Aragón (1901–1992)

La vente en gros de légumes attire chaque jour les paysans de la région d'Almolonga, Guatemala.

KINDER DER SONNE

Komm, winziges Leben, Funke von Licht,

leih dir die Flügel der Erde,

du bist das Kind von Honig und von der sechsten Sonne,

du wirst dein Licht in die Welt tragen.

Und zum Licht wirst du auch zurückkehren.

Indianische Weisheit, nach Pablo Neruda

Um die Werte ihrer eigenen Kultur kennen zu lernen, pflegt eine Gruppe junger Indianer die aztekische Tradition auf dem Zócalo, dem großen Platz von Mexiko-Stadt. Mexiko

Ich bin geboren worden, um zu gebären,
um festzuhalten den Schritt von allem, was sich nähert,
von allem, was an meine Brust klopft,
wie ein neues bebendes Herz.

Pablo Neruda (1904–1973)

Ein Säugling schläft, während seine Mutter auf dem Markt Schals verkauft. Umgebung von Cusco, Peru

Woher komme ich,

wenn nicht aus diesen ursprünglichen und blauen Materien, die sich verwickeln

oder sich kräuseln oder sich absetzen, oder die sich mit großem Getöse ausbreiten

oder die sich schlafwandlerisch verströmen,

oder die hinaufklettern, um zum Bollwerk des Baumes zu werden,

oder die sich versammeln und zu einer Zelle von Kupfer verdichten,

oder die durch die Äste der Flüsse springen,

oder die vergehen im unterirdischen Geblüt der Kohle,

oder die erstrahlen in der grünen Dunkelheit der Traube?

Pablo Neruda (1904–1973)

Der Pfau ist für viele indianische Völker ein heiliges Tier. Bolivien

Sein, das heißt, sich auszudehnen, sich zu strecken,

flüssig zu werden, zum ursprünglichen Wasser,

zum mütterlichen Ozean zurückzukehren.

Octavio Paz (1914–1998)

Eine junge Indianerin badet im Rio Bobonaza. Ecuador

Glaubt nicht, die Steine seien stumm,
sie wahren lediglich die Stille.

Humberto Ak'abal

Im Nationalmuseum für Anthropologie von Mexiko-Stadt, Mexiko

Du warst es, Herrscherin über alle Dämmerungen,
die das Gefieder der Vögel,
die Wendungen ihres Fluges und
den Klang ihrer Gesänge malte.
Du warst es, die das Leben nährt und schenkt,
die Gabe des Atmens und der Bewegung,
die der Sonne ihre Bahn zuweist,
der Nacht ihre Schatten und den Menschen ihre Tänze.

Otto-Raúl González (1921–2007)

Du spielst jeden Tag mit dem Licht des Universums.

Pablo Neruda (1904–1973)

Ein Ara aus Guatemala

Wie gern würde ich mit meiner Stimme die Erde berühren.

In ihre tiefen Meere eintauchen oder in ihre Augen,

die noch tiefer sind als die Augen einer Erdfrau.

Otto-Raúl González (1921–2007)

Der Mensch trachtet danach, sich wieder mit der vertrauten Wirklichkeit zu verbinden,
von der ihn die Geburt so brutal getrennt hat.

Octavio Paz (1914–1998)

Eine Mutter geht mit ihrem kleinen Jungen zu einer Heilerin, Ecuador.

Es gibt eine enge Beziehung zwischen verehren und teilhaben;
tatsächlich macht uns die Verehrung bereits zu Teilen des Verehrten.
Verehren wir die Welt, die uns umgibt, so weitet sich
diese Verehrung im zweiten Schritt auf jedes Ding und auf alle lebendigen
Wesen aus, auf die Steine, auf die Bäume, auf das Tier
und auf den Menschen.

Octavio Paz (1914–1998)

Maya-Ruinen der berühmten archäologischen Grabungsstätte von Tulum bei Quintana Roo
an der karibischen Küste, Mexiko

DIE ZEIT ENTZIFFERN

LEBENDIGE LEIDENSCHAFT

Ich habe Zeugnis abgelegt über die Welt: Ich habe mich zu ihrer Fremdheit bekannt.

Ich habe das Ewige besungen:

die Rückkehr des Vollmonds und die auf Liebe Appetit machenden Wangen.

Ich habe durch Verse der Stadt gedacht, die mich umgibt,

und der Vorstädte, die sich zerreißen.

Ich habe meine Psalmen zum Horizont der Straßen gehetzt,

daher tragen sie den Geschmack der Ferne.

Ich habe vom Erstaunen gesprochen, wo andere lediglich von der Gewohnheit sprechen.

Jorge Luis Borges (1899–1986)

Jimena, zwei Jahre, Bergarbeitertochter aus Cerro Rico in Potosí, Bolivien

Glücklich derjenige, der begreift, dass man viel verändern muss,
um immer derselbe zu bleiben.

Dom Hélder Câmara (1909–1999)

Eine junge Frau schmückt sich auf traditionelle Weise. Sarayaku, Ecuador

Die Hand reichen,

zart wie ein Kuss,

auf diese Weise

beginnen Zeitalter und Epochen.

Niña Mari, eine Quiché aus Guatemala

Mächte des Lichts,

wacht auf

mit dem Licht in euren Augen,

sagt etwas

mit dem Licht auf den Lippen,

geht auf die Welt zu

mit dem Licht der Vergangenheit.

Fabricio Estrada

Ich komme nicht, um etwas zu lösen.
Ich bin gekommen, um zu singen,
und damit du mit mir singst.

Pablo Neruda (1904–1973)

Ein Musiker, der in Havanna auf die nächste Probe mit seiner Gruppe wartet, Kuba

Ich bewundere zwei Dinge:
das harte Gesetz über mir
und den Sternenhimmel
in mir.

Orides Fontela (1940–1996)

Cintia Malaver Santi, eine elfjährige Sarayaku, Ecuador

Das Wissen unterscheidet sich nicht vom Traum,

ebenso wenig wie der Traum von der Tat.

Die Dichtung hat alle Gedichte in Brand gesetzt. Genug der Worte und der Bilder.

Die Kluft zwischen Wort und Ding ist aufgehoben;

etwas zu benennen heißt es zu schaffen, und sich etwas vorzustellen

heißt es zu gebären.

Octavio Paz (1914–1998)

Bauern bringen ihr Gemüse auf den Markt von Zunil, Guatemala

Es lebt nicht der Gesang durch das Wort,

es lebt das Wort durch Magie.

Verheißungsvoll ist sein Wunder.

Miguel Ángel Asturias (1899–1974)

Claudia, jeune mère avec sa fille de 3 ans, Guatemala.

Vielleicht besteht die wahre Imagination – im Gegensatz zur Fantasie – darin, die Realität jedes Tages mit dem Blick des ersten Tages zu sehen.

Octavio Paz (1914–1998)

Der flüchtigste Gedanke gehorcht einem unsichtbaren Plan
und kann eine geheime Form krönen oder beginnen.

Jorge Luis Borges (1899–1986)

Ein Mädchen aus dem Valle del Colca in traditioneller Tracht, Peru

Wie lang und kompliziert dein Schicksal auch sein mag,
es umfasst in Wirklichkeit nur einen einzigen Augenblick:
den, in dem du für immer weißt, wer du bist.

Jorge Luis Borges (1899–1986)

Am Eingang zur Kirche von Zunil, Guatemala

Hier ist ein Pochen,
vor Beginn jedes anderen
Lebenszeichens,
eine erste Bewegung
in der seidigen Intimität eines
Kokons, ein Stammeln,
das noch keine Worte bildet,
ein Stimmen seltener Instrumente,
die versuchen, einer Melodie
den Weg zu bahnen,
ein allmähliches Erwachen
eines Schösslings im Samen,
ein Leuchten, der Anfang einer
Morgenröte,
die gerade geboren wird.

Maria Teresa Perdomo

Siesta im Schatten einer Hütte in Sarayaku, Ecuador

Du hast mich unzerstörbar gemacht,
denn dank dir ende ich nicht mehr mit mir selbst.

Pablo Neruda (1904–1973)

Nora Delgado Vega auf dem Salar de Uyuni, auf 3653 Meter Höhe der größte Salzsee der Welt, Bolivien

Ich gehöre zu jenen, die sich in die Brandung stürzen, bereit,

zweifelhafte Risiken einzugehen, um einen Stern oder eine Sonne des Meeres einzufangen,

um die Freude zu spüren, lebendig zu sein.

Francisco Coloane

Spiel am Kai des kleinen Hafens von Salvador de Bahia, Brasilien

Ich möchte Wasser sein,

meine Haut in deinem Schicksal baden.

Luft sein,

bis zum letzten Seufzer in der Schwebe bleiben.

Feuer sein,

deine samtene Haut umarmen.

Erde sein,

zum Anfang zurückkehren

am Ende unserer Begegnung.

Roberto Reséndiz Carmona

Schilfernte im seichten Wasser des Titicacasees. Das Schilf dient als Viehfutter. Peru

Es ist möglich, dass ich deine Zärtlichkeiten noch nicht erkenne,
denn dein Sein ist mit meinen Adern verschmolzen.

Pablo Neruda (1904–1973)

Am Strand von Cayo Santa Maria, Kuba

Möge das, was deine Augen sehen, nie dein Herz verlassen.

Spruch des Volkes der Aimara

Ein Mädchen in der Altstadt von Salvador de Bahia, Brasilien

Die Klage der Wurzel

Blume, die das Lied des Lebens spricht, und die du Anmut bist und vollkommene Freude.

Fast beneide ich dich um deine Pracht, ich, die in die Zeit versenkte Wurzel.

Du bist die Wirklichkeit, ich die Hoffnung, du bist der Gipfel, ich der Weg.

Der Pflanzensaft meiner Tränen gelangt zu dir. Und ich vergebe deinem Licht,

weil ich dich liebe.

Serafín Quiteño (1906–1987)

Im Urwald von Guatemala

Die Poesie ist in Tränen getränkte Erinnerung…

Miguel Ángel Asturias (1899–1974)

Sonnenuntergang über der Insel Seymour Norte, Galapagosinseln, Ecuador

Die künstlerische Sensibilität ist die Fähigkeit,
das Unsichtbare sichtbar zu machen,
indem das Marginale, das Perverse,
das Ausgeschlossene eingeschlossen werden.

Carlos Fuentes (geb. 1928)

In einem Kolonialhaus der Altstadt von Cartagena, Kolumbien

Sie:

In deinen Armen geraten die höchsten Sterne durcheinander. Ich habe Angst.

Verzeih mir, dass ich nicht früher gekommen bin.

Er:

Ein Lächeln von dir löscht die ganze Vergangenheit aus.

Deine zarten Lippen bewahren das, was bereits weit zurückliegt.

Pablo Neruda (1904–1973)

Liebeserklärung von Jennifer und Luis im andalusisch anmutenden Labyrinth
des alten Klosters von Santa Catalina in Arequipa, Peru

Die Poesie

sät Augen auf die Seite,

sät Worte in die Augen.

Die Augen sprechen,

die Worte schauen,

die Blicke denken.

Octavio Paz (1914–1998)

Eine junge Brasilianerin bei Vorbereitungen zum Karneval in Salvador de Bahia, Brasilien

Die Welt da draußen und die Welt hier drinnen.

Die Welt da draußen ist ewig,

hier drinnen wiederkäut die Zeit

die glückliche Stunde,

Sekunden aus Sand und Träumen,

Minuten eines Lidschlags,

Dekaden aus Fleisch und Knochen.

Roberto Monzón (1948–1992)

Ein Mädchen aus Sarayaku wartet in seiner Hängematte einen Wolkenbruch ab. Ecuador

Lieben: Augen an den Fingerspitzen haben,
den Knoten berühren, an dem sich Ruhe und Bewegung verflechten.

Octavio Paz (1914–1998)

Die Worte sind nur noch dazu da,
um mit ihnen zu spielen
und Gedichte zu verfassen.

Magdalena Thompson

Ich bin der einzige Betrachter dieser Straße:
Würde ich aufhören, sie zu betrachten, würde sie sterben.

Jorge Luis Borges (1899–1986)

Die historische Stadt Cusco im Zentrum des peruanischen Andenhochlands.

Lasst uns dem unterirdischen Rumoren ebenso

lauschen wie der Planetenmusik des unendlichen

Raumes, dem Akkordeon

des Waldes ebenso wie dem

Kauen der Ameisen.

Luis Cordoza y Aragón (1901–1992)

TANGO DES LEBENS

Mutter und Licht bilden in der ersten Zeit eine untrennbare Einheit.
Das Leben des Kindes und das Leben des Menschen
sind nichts als eine Ausweitung des LICHTS.

Pablo Neruda (1904–1973)

Auf dem Markt von Pisac im Heiligen Tal, Peru

Der Gaucho singt schon im Mutterleib; er wird singend geboren und stirbt mit Gesang.

Und wovon singt er? Von seinem Schmerz, seinen Sorgen natürlich.

Nur ein Lied kann ihn in seinem Kummer trösten.

Carlos Fuentes (geb. 1928)

Ein Straßenmusikant auf dem Markt von Tarabuco, Bolivien

Wenn du die Augen schließt, schlafe ich weiter.

Pablo Neruda (1904–1973)

Die Stoffe aus Guatemala gehören zu den farbenprächtigsten in Lateinamerika.

Dein Kathedralen-Herz

überdeckt uns in diesem Augenblick wie das Firmament,

und dein riesiger und grandioser Gesang,

deine vulkanische Zärtlichkeit

füllen wie eine flammende Statue

den ganzen hohen Raum.

Pablo Neruda (1904–1973)

Fresken im Konvent San Nicolás de Tolentino, der 1548 in Actopan, Mexiko, gegründet wurde

Du hast nicht bemerkt, dass sich das Leben nur denjenigen schenken kann,
die weinen, die lieben, die geliebt haben.
Wenn du dich der Leidenschaft verweigerst, verlierst du dich an die Unvernunft.

Ralph Thamar

Bei einer Prozession während der Osterwoche, Guatemala

Doch meine Steinschleudern wirbeln umher. Ich bin da, Schrei, Verlangen.

Meine Kraft und mein Schmerz in der Nacht. Ich will es.

Meine Kraft ist mein Schmerz in der Nacht. Ich will es.

Ich muss diese Tür öffnen. Und die Schwelle überschreiten. Ich muss sie besiegen.

Meine Steine müssen ihr Ziel erreichen. Ich schreie. Weine. Begehre.

Pablo Neruda (1904–1973)

Seelöwe auf Seymour Norte, Galapagosinseln, Ecuador

Wenn ich abends traurig bin,
gehe ich hinaus,
um unter der Weite des Himmels zu wandern.
Am Morgen ist mein Herz
von Tau bedeckt.

Humberto Ak'abal

Nach einem der unaufhörlich erscheinenden Regenfälle in der Lagune von San Rafael, Chile

Indem es mit den Dingen spricht,

indem es mit uns spricht,

spricht das Universum mit sich selbst:

Wir sind seine Zunge und sein Ohr,

seine Worte und sein Schweigen.

Octavio Paz (1914–1998)

Voladores Totonaques exécutant la danse volante selon un rituel très ancien, Mexique.

Nur weil ich mich irre,
begegne ich dem,
was ich nicht gesucht habe.

Orides Fontela (1940–1996)

Spiel um einen Springbrunnen in der Altstadt von Salvador de Bahia, Brasilien

Es ist nicht die Strenge, die dich dorthin bringen wird, wo du hin möchtest,
es ist nicht die Askese, nicht das Leiden, nichts von dem,
was du glaubst, verstanden zu haben.
Es ist die Würze, der Duft, der von der Kraft der Liebe kommt.

Ein Schamane der Sierra Grande

Zu Allerheiligen begeben sich Naney und die Bewohner der Insel Janitzio zum Friedhof, um die Gräber zu schmücken und die Nacht in einer Totenwache zu verbringen. Mexiko

Gegen das Böse zu kämpfen bedeutet, gegen sich selbst zu kämpfen.
Das ist für mich der Sinn der Geschichte.

Octavio Paz (1914–1998)

In Patagonien, Chile, brechen Eisberge vom San-Rafael-Gletscher ab. Die Eisscholle im Vordergrund
hat eine Länge von etwa zehn Metern.

Sind wir das Böse? Oder ist es außerhalb von uns,
und wir sind sein Instrument, sein Werkzeug?
Das Böse ist die Entmenschlichung.

Octavio Paz (1914–1998)

In den Straßen von Havanna, Kuba

Sie sagt,
was ich verschweige;
sie verschweigt,
was ich sage;
sie träumt,
was ich vergesse.

Octavio Paz (1914–1998)

Eine Händlerin in Otavalo trägt den für diese Region typischen Halsschmuck. Ecuador

Dein Blick dient mir, er ist großzügig und fest,
und deine freimütige Stille, ja, sie dient mir,
es dient mir das Maß deines Lebens, es dient mir deine Zukunft,
die freie Gegenwart ist, und dein täglicher Kampf, ja, er dient mir,
es dient mir deine Schlacht ohne jeden Orden,
es dient mir die Bescheidenheit deines möglichen Hochmuts,
und deine sichere Hand, ja, sie dient mir, es dient mir dein Pfad,
Kamerad.

Mario Benedetti (1920–2009)

Raúl Santi Aranda, fünf Jahre, und sein Vater, Sarayaku, Ecuador

Es ist eine Sache zu denken, man sei auf dem rechten Weg, eine andere zu glauben, dieser Weg sei der einzige. Für alle Fälle gibt es viele Fälle.

Sprichwort der Pueblo-Indianer aus Mexiko

Ein befahrbarer Weg durch den Salzsee Salar de Uyuni, Bolivien

Jedes Individuum, jedes Ding, jeder Augenblick:
eine einzigartige, unvergleichliche, unermessliche Wirklichkeit.

Octavio Paz (1914–1998)

Jesús Omar, ein junger Aimara von zwölf Jahren, Peru

Die Schönheit wie auch das Glück kommen häufig vor.

Es vergeht kaum ein Tag, an dem wir nicht für einen Augenblick im Paradies leben.

Jorge Luis Borges (1899–1986)

Alles ist rund,

die Sterne sind Reigen von Kindern, die spielerisch die Erde erkunden ...

die Weizenhalme sind kleine Mädchen, die sich spielerisch wiegen ..., sich wiegen ...

die Flüsse sind kleine Jungs, die spielen, wie sie sich im Meer treffen ...

die Wellen sind Reigen kleiner Mädchen, die spielerisch die Erde umarmen.

Gabriela Mistral (1889–1957)

Eine Gruppe von Schülern im Hof eines Museums in Morelia, Mexiko

Ein Dank an das Leben, das mir so viel geschenkt hat.

Es hat mir Augen geschenkt,

und wenn ich sie öffne,

kann ich Schwarz und Weiß genau unterscheiden,

und dort oben am Himmel

kann ich einen hellen Stern sehen,

und inmitten der Menge den Mann, den ich liebe.

Ein Dank an das Leben, das mir so viel geschenkt hat.

Violeta Parra, bekanntes chilenisches Lied (1917–1967)

Auf dem Gemüsemarkt von Zunil, Guatemala

An deiner Seite
ist kein Licht nötig
und Honig überflüssig.

Humberto Ak'abal

Du füllst die Krümmungen der Stille.

Pablo Neruda (1904–1973)

Der aktive Vulkan Pacaya (2600 Meter), Guatemala

Ich bin ein Windhauch.

Ein vorüberziehender Klang.

Das flüchtige Echo eines tiefen Wunders.

Denn ich bin mehr als das geheimnisvolle Fleisch,

das eines Tages von jemandem

in diese Welt gesetzt wurde.

David Escobar Galindo (geb. 1943)

Fröhliche Menschenmenge beim Karneval in Salvador de Bahia, Brasilien

Ich umarme die Freude in der Form,
die sie in diesem Augenblick angenommen hat – deinen Körper.

Fabricio Estrada

DIE ZEIT VERSTEHEN

KÄMPFE UND HOFFNUNGEN

Wenn du auf fremdem Land ankommst,

verneige dich,

und wenn dieser Ort auch ungewöhnlich ist,

verneige dich,

und wenn der Tag voller Merkwürdigkeiten ist,

unterwirf dich –

du selbst bist unendlich viel merkwürdiger.

Orides Fontela (1940–1996)

Meerechse auf der Galapagos-Insel Española, Ecuador

Die ersten Äußerungen des Menschen dürften der Tanz und die Dichtung gewesen sein. Mit diesen beiden Mitteln gab er seinen Ängsten und seinen Hoffnungen Ausdruck, mit ihnen betete er und mit ihnen versuchte er zu kommunizieren.

Jorge Luis Borges (1899–1986)

Im Nationalmuseum für Anthropologie von Mexiko-Stadt, in dem sich die Schätze
der tolmekischen, mexikanischen, aztekischen, der Maya- sowie der Teotihuacán-Kulturen finden, Mexiko

Eine Gesellschaft, das sind zwei Verschiedenheiten, die sich vereinen.

Spruch des Volkes der Quechua

Während des Kinderkarnevals in Salvador de Bahia, Brasilien

Wir alle sind Menschen,
und in jedem von uns liegen die Hoffnungen und
die Möglichkeiten der ganzen Menschheit.

Octavio Paz (1914–1998)

Ein junger Jäger im Amazonasregenwald, Ecuador

Wir können unser Erbe nicht verweigern, aber es versinkt in der Vergangenheit,
wenn wir es nicht verwandeln. Das Volk setzt sich zusammen
aus verschiedenen Schichten, die einander fremd sind, distanziert und feindselig.
So ist auch unser Leben:
Wir bilden ein Mosaik aus Stimmen, Schweigen, Schreien und Schatten
in einem wolkenverhangenen Bild.

Luis Cardoza y Aragón (1901–1992)

Die Anden erheben sich über der Pazifikküste. Peru

Lieber einige Schlachten im Kampf verlieren, als seine Träume aufgeben,
bevor man überhaupt zu kämpfen versucht hat.

Lateinamerikanisches Sprichwort

Im fruchtbaren Tal von Fuentes Georginas kehren Bauern von ihren Feldern zurück. Guatemala

Jegliche Kultur erwächst aus der Begegnung, der Vermischung, dem Schock.
Umgekehrt sterben die Zivilisationen durch Isolation.

Octavio Paz (1914–1998)

Busse und Kutschen in Havanna, Kuba

Sich allein zu fühlen hat eine doppelte Bedeutung:
Einerseits bedeutet es, sich seiner selbst bewusst zu sein,
und andererseits zeigt es das Verlangen, aus sich selbst herauszutreten.

Octavio Paz (1914–1998)

Denn wir alle, absolut alle, haben den anderen etwas zu sagen, etwas, das entweder von allen gefeiert oder aber von allen vergeben werden muss.

Eduardo Galeano (geb. 1940)

Straßenmusiker in Havanna, Kuba

Wie lebt man mit dem anderen?

Wie kann ich begreifen, dass ich das, was ich bin, nur deshalb bin,

weil ein anderer Mensch mich sieht oder mich vervollständigt?

Carlos Fuentes (geb. 1928)

Schminken für den Kinderkarneval in Salvador de Bahia, Brasilien

Da wir es nicht vermögen, unsere Menschlichkeit
in anderen zu erkennen, sind wir dazu verdammt,
auch unsere eigene nicht zu erkennen.

Carlos Fuentes (geb. 1928)

In den Straßen von Antigua, Guatemala

Zwischen den Menschen wie auch zwischen den Nationen bedeutet der Respekt für die Rechte des anderen Frieden.

Benito Juárez (1806–1872)

Schuhputzer auf dem Platz von Xela in Guatemala

Seien wir Realisten, verlangen wir das Unmögliche.

Che Guevara (1928–1967)

Denkmal für den Revolutionär Ernesto Rafael Guevara de la Serna,
der den Beinamen Che erhielt, in Havanna, Kuba

Auf dem Grund der Seele des Menschen,
ganz tief unten,
ruht das Geheimnis der Auferstehung.
Man muss es ausgraben.

Octavio Paz (1914–1998)

Der Atitlánsee gilt als einer der schönsten Seen der Welt. Guatemala

Jedes Mal, wenn wir einen Teil von uns bejahen, verleugnen wir einen anderen.

Octavio Paz (1914–1998)

Obstverkäufer in der Altstadt von Antigua, Guatemala

Das Schweigen ist eine Fortführung des Gesprächs mit anderen Mitteln.

Che Guevara (1928–1967)

Eine Bäuerin in Sucre, Bolivien

Kann es eine Gemeinschaft ohne teilen geben?
Geben und teilen – auf diese Weise sind wir ewig.

Sprichwort des Volkes der Aimara

Tabakplantagen im Valle de Viñales, Kuba

Wähle dir einen starken Feind, denn das zwingt dich dazu,
selbst stark zu werden, damit du ihm entgegentreten kannst.

Sprichwort der Pueblo-Indianer aus Mexiko

Auf dem Markt von Tarabuco, Bolivien

Diese Menschen, die da leiden, wer sind sie?
Ich weiß es nicht, aber sie gehören zu meiner Familie.

Pablo Neruda (1904–1973)

Das Waisenkind Tomas Mayo Vargas, zwölf Jahre, nach einem Arbeitstag
tief in der Mine von Cerro Rico in Potosí, Bolivien

Aber seit tausend Zeitaltern
wartest du auf die Rückkehr deiner Städte:
die Rückkehr der grünen und duftenden Erde,
die Rückkehr des sonnenfarbenen Tages, geblendet von seinem Gold,
die Rückkehr der neun Amarante, in den Sternen schwebend,
die Rückkehr des mit Krallen bewaffneten Trillers, das sanfte Gefieder gespitzt,
die Rückkehr des Ozeans der Perlen, einfach und glühend heiß,
die Rückkehr dessen, der die Niederschläge regelt,
und die Rückkehr deiner Hoffnung, Vulkan des grünen Tages.

Miguel Ángel Asturias (1899–1974)

Auf Quechua bedeutet machu piqchu »alter Berg«. Machu Picchu ist die bedeutendste
archäologische Stätte der Inka-Kultur in Peru.

Nur weil ich mich irre,
habe ich Erfolg:
Ich erschaffe mich.
Spielraum des Irrtums,
Spielraum der Freiheit.

Orides Fontela (1940–1996)

Francisco Peisej, elf Jahre alter Schiffer, in Santa Cruz, Guatemala

Die Harmonie kann nur aus dem Zweifel und dem Konflikt erwachsen.
Und gibt es einen größeren Konflikt als den zwischen Natur und Zivilisation,
zwischen Traum und Wirklichkeit?

Carlos Fuentes (geb. 1928)

Fischer auf dem Pátzcuarosee, Mexiko

In jedem Augenblick müssen wir die Rolle, die wir spielen,

umgestalten, neu erschaffen und modifizieren,

bis die Realität und der Schein, die Lüge und die Wahrheit sich vermischen.

Octavio Paz (1914–1998)

Vorstellung des nationalen Folklore-Balletts von Mexiko im Theater von Mexiko-Stadt,
dem Palast der Schönen Künste

Gib niemals deine Träume auf,
denn wenn man es nicht wagt, sie zu leben,
werden sie unmöglich.

Mündliche Überlieferung eines Volkes aus dem Amazonasgebiet

Der Salzsee Salar de Uyuni, Bolivien

Im tiefsten Innern wissen wir, dass Leben und Tod zwei gegensätzliche,
aber doch komplementäre Bewegungen ein und derselben Wirklichkeit sind.
Schöpfung und Zerstörung verschmelzen im Akt der Liebe,
und während des Bruchteils einer Sekunde erfährt der Mensch
einen Zustand der Vollkommenheit.

Octavio Paz (1914–1998)

Aufführung im Palast der Schönen Künste in Mexiko-Stadt, Mexiko

REVOLUTION UND BEFREIUNG

Niemand ist einfach irgendjemand;
ein einziger unsterblicher Mensch ist alle Menschen.

Jorge Luis Borges (1899–1986)

Man nimmt sich seine Rechte, man beantragt sie nicht;
man reißt sie an sich, man erbettelt sie nicht.

José Martí (1853–1895)

Junger Indianer im Amazonasgebiet, Brasilien

Besser als das Brot selbst ist, es miteinander zu teilen.

Dom Hélder Câmara (1909–1999)

Auf dem Markt von Solola, Guatemala

Vor allem anderen ist die Kultur aus unseren Körpern gemacht –
unseren geopferten Körpern, unseren verleugneten, gefesselten Körpern,
unseren träumenden, sinnlichen Körpern.

Carlos Fuentes (geb. 1928)

Eine junge Bäuerin auf dem Rückweg vom Markt in San Francisco el Alto, Guatemala

Sie werden alle Blumen schneiden, doch sie werden den Frühling nicht aufhalten können.

Pablo Neruda (1904–1973)

Abendstimmung in Salvador de Bahia, Brasilien

Alle haben Recht. Und aus all ihren Gründen werden neue Gründe entstehen.

Pablo Neruda (1904–1973)

Auf den Höhen von Huehuetenango, Guatemala

In meinem Herzen brennt

das schöne Licht des glühenden Enthusiasmus.

Ich liebe die Freiheit mehr als das Leben,

und ich bin nicht dazu geboren, den Kopf zu senken.

Ismael Cerna (während der Gefängnishaft) (1856–1901)

In Sarayaku wird ein junger Alligator eingefangen, der dann außerhalb des Dorfes
wieder freigelassen wird, Ecuador.

Poesie ist Rebellion

... ja, ich bekunde meinen Glauben an alle Folgen und Ergebnisse für die Zukunft.
Und ich erkläre die Poesie ... für unzerstörbar. Sie wird in tausend Stücke zerbrechen
und doch wieder zu Kristall werden. Sie ist für den Menschen geboren
und wird weiter für den Menschen singen. Sie wird singen. Wir werden singen.

Pablo Neruda (1904–1973)

Der Garten eines alten Klosters in der Kolonialstadt Cartagena, Kolumbien

Versuche nicht,
all deine Geschwister in deine Welt hineinzuführen...
Lass ihnen ihre Andersartigkeit.

Niña Mari, eine Quiché aus Guatemala

Im Amazonasregenwald, Ecuador

Es gab einmal vor langer Zeit in einem fernen Land ein schwarzes Schaf.

Man hat es erschossen.

Ein Jahrhundert später hat die reumütige Herde ihm ein Denkmal errichtet,

das sehr hübsch im Park aussieht.

So wurden denn von nun an die schwarzen Schafe immer,

wenn sie auftauchten, rasch mit Waffengewalt beseitigt, damit die kommenden

Generationen normaler und gewöhnlicher Schafe sich in der Kunst

der Bildhauerei üben konnten.

Augusto Monterroso

Die Spitze des Kapitols in Havanna, Kuba

Ich werde die Stille bewahren,

um dir zu lauschen ...

Doch sprich nicht,

um mich zum Schweigen zu bringen.

Humberto Ak'abal

Faustina Castillo Alarcon aus dem Dorf Chivay im Valle del Colca, Peru

Wenn ich den Armen zu essen gebe, behandelt man mich wie einen Heiligen.
Wenn ich frage, warum die Armen nichts zu essen haben,
behandelt man mich wie einen Kommunisten.

Dom Hélder Câmara (1909–1999)

Nahaufnahme von einer Statue in Antigua, Guatemala

Der wahre Revolutionär wird von einem großen Gefühl der Liebe geleitet.

Che Guevara (1928–1967)

Im Bergland von Tarabuco, Bolivien

Es ist dringend geboten, ein vertrautes Missverständnis aufzulösen:
Etwas zu wissen bedeutet nicht,
es zu besitzen. Außerdem: Etwas zu wissen heißt nicht, es zu verstehen.
Und Wissen steht auch nicht im Gegensatz zu Nichtwissen,
sondern zu ungenügendem Wissen.
Wissen ist eine Herangehensweise an das Sein und sollte dem Sein ähneln.

Roberto Juarroz (1925–1995)

Der junge Amazonas-Indianer José Luis Gualinga Vargas, einundzwanzig Jahre,
schreibt in Sarayaku eine Prüfung, Ecuador.

Es stirbt nach und nach,

wer sich nicht auflehnt, wenn er mit seiner Arbeit nicht glücklich ist,

wer nicht das Gewisse für das Ungewisse riskiert und einem Traum hinterherläuft,

wer sich nicht wenigstens einmal in seinem Leben erlaubt,

vernünftigen Ratschlägen zu entfliehen.

Pablo Neruda (1904–1973)

Verlassener Landungssteg in der Lagune von San Rafael in den Fjorden Patagoniens, Chile

Die wahre Revolution muss in unserem Innern beginnen.

Che Guevara (1928–1967)

Eine Bäuerin auf dem Markt von Tarabuco, Bolivien

Dass die Geschichte universell ist, verdanken wir
vornehmlich den Handelsbeziehungen. Manchmal haben sie Kriege begleitet,
aber manchmal haben sie auch als Übermittler pazifistischer
Vorstellungen und nützlicher Erfindungen gedient.
Wenn der Markt ein Instrument ist, dann könnte er zu einem
Diener der Gerechtigkeit werden.

Octavio Paz (1914–1998)

Eisenwarenhandlung auf dem Markt von San Francisco el Alto, Guatemala

Gäbe es nicht die Sonne,

wären die Armen

schon lange vor Kälte gestorben.

Vor Hunger sterben sie bereits

jeden Tag ein bisschen.

Humberto Ak'abal

Alles ist möglich. Man sollte nichts verschmähen.
Nichts ist unglaublich. Nichts ist unmöglich.
Die Möglichkeiten, die wir zurückweisen,
sind lediglich die Möglichkeiten, von denen wir nichts wissen.

Carlos Fuentes (geb. 1928)

Im Nationalmuseum für Anthropolgie in Mexiko-Stadt, Mexiko

Modernisieren heißt annehmen und anpassen.
Aber es heißt auch neu schaffen.

Octavio Paz (1914–1998)

Ein Fahrradtaxi in Havanna wartet auf Kundschaft. Kuba

DIE ZEIT PRÄGEN

Wirf

den

Ball

hoch

HÖHER

ein Kristall über dem Universum.

Orides Fontela (1940–1996)

Das Leben ist kein Versuch, auch wenn wir viele Dinge versuchen;

es ist kein Märchen, auch wenn wir viele Dinge erfinden;

es ist kein Gedicht, obwohl wir viele Dinge erträumen.

Der Versuch, das Gedicht des Lebens zu erzählen, ist eine immerwährende Bewegung;

das ist es, eine immerwährende Bewegung.

Augusto Monterroso

Kleines Mädchen in Cerro Rico in Potosí, Bolivien

Ich liebe die Stille mehr als alles andere auf der Welt.
Ich höre in der Stille der Dinge
einen unermesslichen und schweigenden Gesang.

Pablo Neruda (1904–1973)

Eine Kapelle überragt das Valle del Colca, einen der tiefsten Canyons der Welt. Peru

Eine Prise Poesie genügt, um ein ganzes Jahrhundert zu verfeinern.

José Martí (1853-1895)

Eine junge Geigerin musiziert in der Jesuitenmission von San Miguel de Velasco, Bolivien.

Könnten wir nur eine einzige Blume begreifen,

wüssten wir, wer wir sind und was diese Welt ist.

Jorge Luis Borges (1899–1986)

Die Ruinen von Tikal mitten im Dschungel von El Petén, Guatemala

Alles ist Gegenwart: Alle Jahrhunderte sind Gegenwart.
Seliges Auge, das nicht schaut, denn nun ist alles Gegenwart,
und das nur seine eigene Vision von außen betrachtet!

Octavio Paz (1914–1998)

Blick in die Kuppel der Basilika der Jungfrau von Guadalupe in Morelia, Mexiko

Wenn ein Mensch im Traum das Paradies durchquerte
und wenn er eine Blume als Beweis seiner Durchquerung erhielte
und wenn er beim Aufwachen diese Blume in seinen Händen fände...
was wollte man da noch sagen?

Jorge Luis Borges (1899–1986)

Ein Kind wird von seiner Mutter in einer Schärpe auf dem Rücken getragen. Bolivien

Es gibt keine Aussage, die nicht das ganze Universum voraussetzt.
Wenn man »der Tiger« sagt, heißt das: die Tiger, die ihn hervorgebracht haben,
der Hirsch und die Schildkröte, die er verschlingen wird,
das Gras, von dem sich die Hirsche ernähren,
die Erde, die die Mutter des Grases war, und der Himmel,
der der Erde ihren Tag schenkte.

Jorge Luis Borges (1899–1986)

Eine seltene Schildkrötenart im Centro Experimental Fatima in Puyo, Ecuador

Du bist meine Angebetete,
der Glanz meiner Tage,
und wie der Tag nimmst du
im Raum all das Licht ein,
das das Universum besitzt.

Pablo Neruda (1904–1973)

Misha Malaver, drei Jahre, in Sarayaku, Ecuador

Der Wind hält inne und lauscht den Klagen der Elemente,

dem Wasser und dem Sand, die mit leiser Stimme sprechen,

dem Stöhnen der vom Salz bedrängten Mole,

den kühnen Geständnissen des Feuers,

den Selbstgesprächen der Asche,

dem unaufhörlichen Geraune des Universums.

Octavio Paz (1914–1998)

Sonnenaufgang über dem Atitlánsee und dem Vulkan Tolimán (3158 Meter) in Guatemala

Ein Dank an das Leben, das mir so viel geschenkt hat.

Es hat mir ein Herz geschenkt, das überfließt,

wenn ich auf den Grund deiner klaren Augen sehe.

Ein Dank an das Leben, das mir so viel geschenkt hat.

Violeta Parra, bekanntes chilenisches Lied (1917–1967)

Eine Dorfbewohnerin auf dem Markt von Chivay im Valle del Colca, Peru

Steig hinauf und fordere,

du bist die Flamme des Feuers,

dein Sieg ist gewiss,

wo der endgültige Horizont

zu einem Blutstropfen, einem Lebenstropfen wird,

dort, wo deine Schultern

das Universum tragen

und mit dem Universum deine Hoffnung.

Miguel Ángel Asturias (1899–1974)

Aufführung des nationalen Folklore-Balletts von Mexiko im Palast der Schönen Künste in Mexiko-Stadt, Mexiko

Jeder Mond, jedes Jahr, jeder Tag, jeder Wind kommt und vergeht.
Auf dieselbe Weise gelangt auch alles Blut an den Ort seiner Ruhe.

Aus dem Chilam Balam

Ein einzigartiges Panorama entschädigt für den beschwerlichen Bergaufstieg im Nudo de Apolobamba. Bolivien

Ich möchte das mit dir tun, was der Frühling mit dem Kirschbaum tut.

Pablo Neruda (1904–1973)

Cecilia Antequera Camacho und Ulio Santander auf dem Salar de Uyuni, Bolivien

Bibliografie

AK'ABAL, Humberto, *Entre patojos*, Guatemala, Piedra Santa, 2005.
Kamoyoyik, Guatemala, Cholsamaj, 2002.

ARIDJIS, Homero, *Los Poemas solares*, México, Fondo de Cultura Económica, 2005.

ASTURIAS, Miguel Ángel, *Poèmes indiens*, Paris, © Éditions Gallimard, Coll. »Poésie«, 1990.

BENEDETTI, Mario, *Antología des poetica*, Madrid, El Libro de Bolsillo, Alianza Editorial, 1997.

BORGES, Jorge Luis, *Conversations à Buenos Aires*, Paris, © Éditions du Rocher, 2001.

BORGES, Jorge Luis, *L'Aleph*, Paris, © Gallimard, Coll. »L'Imaginaire«, 1985.

BURGOS, Élisabeth, *Moi, Rigoberta Menchú*, Paris, © Gallimard, 1983.

CAMARA, Don Helder, http://www.domhelder.com.be

CARDOZA Y ARAGÓN, Luis, *Guatemala: Las líneas de su mano*, Guatemala, Editorial Universitaria Universidad de San Carlos de Guatemala.

CERNA, Ismael, http://www.geocities.com/jupagg/poeismaelcerna.html
Dictionnaire de citations du monde entier, Paris, Dictionnaires le Robert, coll. »Les Usuels«.

ESTRADA, Febricio, *Solares*, Tegucigalpa, Pez Dulce, 2004.

FONTELA, Orides, *Rosace*, Paris, © L'Harmattan, 1999.
Trèfles-Trevo, Paris, © L'Harmattan, 1988.

FUENTES, Carlos, *Le Miroir enterré*, Paris, © Éditions Gallimard, 1994.

GONZÁLEZ, Otto Rául, *Poesie Fundamental*, Guatemala, Editorial Universitaria Universidad de San Carlos de Guatemala, t. I, 1995.

JUAREZ, Benito, *Flor y latigo ideario politico*, México, Edición del Noletin, 1957.

JUARROZ, Roberto, *Fragments verticaux*, Paris, © Éditions José Corti, 1994.

LE GOFF, Marcel, *Jorge Luis Borges: L'Univers, la lettre et le secret*, Paris, © L'Harmattan, 1999.

MARTI, José, http://www.cubacenter.org/inside_cuba/marti.html

MELLAC, Régine, *Chants libres d'Amérique latine*, Paris, © Éditions du Cerf, Coll. »Terres de feu«, 1974.

MISTRAL, Gabriela, *Antologia poetica*, Madrid, Hugo Montes Brunet, 1997.

MONTERROSO, Augusto, *La oveja negra y demás fábulas*, Premio príncipe de Asturias de las letras, México, 2004.

Mouvement perpétuel, Albi, © Éditions du passage Nord/Ouest, 2004.

MONZÓN, Roberto, *Dame Más tiempo vida*, Colloquia, Guatemala, Ediciones de la Anormalidad, 2002.

NERUDA, Pablo, *Vingt poèmes d'amour et une chanson désespérée*, Paris, © Éditions Gallimard, Coll. »Poésie«, 1998.
Né pour naître, Paris, © Éditions Gallimard, Coll. »L'Étrangère«, 1996.
Chant général-Canto general, Paris, © Gallimard, Coll. »Poésie«, 1977; Madrid, © Ediciones Cátedra, 1990.
http://www.neruda.uchile.cl/critica/silvacastro.html
http://www.literatura.us/neruda/melisanda.html

PACHECO, José Emilio, *Miro la Tierra*, México, Edición Era, 2003.

PAZ, Octavio, *Itinéraire*, Paris, © Éditions Gallimard, Coll. »Arcade«, 1996.
L'Arbre parle, Paris, © Éditions Gallimard, 1997.
Le Labyrinthe de la solitude, Paris, © Éditions Gallimard, Coll. »les Essais«, 1972.
Le Singe grammairien, Paris, © Flammarion, Coll. »Champ«, 1972.
Une planète et quatre ou cinq mondes, Paris, © Éditions Gallimard, Coll. »Folio Essais«, 1985.

Liberté sur parole – Libertad bajo palabra, Paris, © Éditions Gallimard, 1966.

PERDOMO, Maria Teresa, *Periferias*, México, Universidad Michoacana de San Nicolas de Hildago, 1982.

POUMIER, Maria, *Poésie salvadorienne du XXe siècle*, Genève, © Éditions Patino, 2002.

RESENDIZ CARMONA, Roberto, *De peces y de colores*, Mexique, Sociedad mexicana de geografía y Estadística. Lic. Alfonso García Robles-Corresponsalía en Zamora, 1999.

THOMPSON, Magdalena, *El silencio es un cisne de sal*, Buenos Aires, Edición Imaginarias, 1996.

VERANI, Hugo J., *Les Prix Nobels de littérature hispano-américain*, Genève, © Éditions Patiño, 1994.

Autorenverzeichnis

Dieser Band basiert auf der Publikation »Die Weisheit Lateinamerikas – Tag für Tag«,
die 2006 im Knesebeck Verlag erschien.

Die von Danielle und Olivier Föllmi konzipierte Reihe »Weisheit der Welt – Tag für Tag« umfasst die im Folgenden
aufgezählten sieben Bände, die zwischen 2003 und 2009 erschienen.

Für die vorliegende Publikation wurden diese zusammengefasst und überarbeitet:

- Die Weisheit des Buddhismus Tag für Tag
- Die Weisheit Indiens Tag für Tag
- Die Weisheit Afrikas Tag für Tag
- Die Weisheit Lateinamerikas Tag für Tag
- Die Weisheit Asiens Tag für Tag
- Die Weisheit des Orients Tag für Tag
- Die Weisheit des Abendlandes Tag für Tag

Titel der Originalausgabe: »Sagesses de l'humanité. Révélations.
130 pensées d'Amérique latine«
Erschienen bei Éditions de La Martinière, Paris, 2010
Copyright © 2010 Éditions de la Martinière

Deutsche Erstausgabe
Copyright © 2011 von dem Knesebeck GmbH & Co. Verlag KG,
München
Ein Unternehmen der La Martinière Groupe

Umschlaggestaltung: Leonore Höfer, Knesebeck Verlag
Satz: satz & repro Grieb, München
Herstellung: VerlagsService Dr. Helmut Neuberger &
Karl Schaumann GmbH, Heimstetten
Druck: TOPPAN, Leefung
Printed in Singapore

ISBN: 978-3-86873-375-4

Alle Rechte vorbehalten, auch auszugsweise

www.knesebeck-verlag.de